Inhalt

Auf der Lauer

Die Languste lebt und jagt in
felsigen Küstenregionen der ganzen
Welt. Sie ist mit dem Hummer ver-
wandt, hat aber statt der Scheren
lange Fühler und Stacheln.

Paul Bennett

Die Unter–
wasserwelt

Leben im Ozean

Von der sonnenbeschienenen Wasseroberfläche bis hinunter zum Meeresboden der Tiefsee werden die Ozeane, die größten Lebensräume unseres Planeten, von den unterschiedlichsten Lebewesen bewohnt. Die Ozeane bedecken den größten Teil der Erdoberfläche, sind aber aufgrund ihrer Größe und Tiefe noch relativ wenig erforscht. Mittlerweile wissen wir natürlich, dass die schrecklichen Seeungeheuer, die angeblich von Seeleuten vergangener Jahrhunderte gesichtet wurden, Geschöpfe der Fantasie sind. Allerdings sehen zahlreiche Kreaturen, die in den Ozeanen leben, wirklich ziemlich Furcht erregend aus. Manche sind mikroskopisch klein, wie etwa Phytoplankton (Kleinstalgen). Andere sind riesig: Der Blauwal ist das größte Wesen, das je auf der Erde gelebt hat – Dinosaurier mit eingeschlossen. Er erreicht bis zu 30 m Länge und 150 t Gewicht. Weil er von den Menschen stark bejagt wurde, gehört er heute zu den bedrohten Arten.

Er kann nicht nur lächeln ...
Der Große Tümmler scheint wissend zu lächeln. Er ist sehr intelligent und verständigt sich mit seinen Artgenossen mithilfe einer Sprache, die sich aus Pfiffen, Grunzen und Klicktönen zusammensetzt. Ebenso wie Wale sind auch Delphine Säugetiere: Ihre Jungen kommen lebend zur Welt und werden von der Mutter gesäugt.

Schön und seltsam zugleich
Der Große Fetzenfisch gehört zu jenen Meeresbewohnern, die geradezu skurril aussehen. Eigentlich ist er ein Verwandter des Seepferdchens und damit ein Fisch, er kann aber nicht besonders gut schwimmen. Die unregelmäßigen Hautfetzen sind in dem Algengestrüpp der flachen Gewässer vor Australien, in denen er sich aufhält, eine gute Tarnung. Selbst wenn die Sonne scheint, können seine Feinde ihn kaum ausmachen.

Blauer Planet

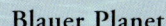

Vom All aus gesehen erscheint die Erde blau, weil die Ozeane nahezu drei Viertel ihrer Oberfläche bedecken. Das Leben auf unserem Planeten nahm in den Ozeanen seinen Anfang. Unter dem Wasser liegen aufregende Landschaften: Gewaltige Gebirgszüge erheben sich Tausende von Metern hoch, steile Abgründe führen in unbekannte Tiefen und weite Ebenen erstrecken sich über Tausende von Quadratkilometern. Statt »Planet Erde« müssten wir unsere Welt eigentlich »Planet Ozeane« nennen.

Kraft und Tempo

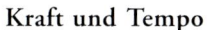

Ein schwarzer Merlin springt aus dem Wasser. Dank seiner Stromlinienform und seiner Kraft ist er einer der schnellsten Ozeanbewohner. Sein Oberkiefer läuft in einem scharfen Schwert aus und sein Körper verjüngt sich zur halbmondförmigen Schwanzflosse hin. Wenn er Hunger hat, stürzt er sich mitten in einen Schwarm hinein und packt seine Beute.

Sanfter Riese

Trotz seiner Größe ist der Buckelwal für Menschen ungefährlich. Mit 16 m Länge und 65 t Gewicht ist er ein erstaunlich gewandter Schwimmer, der sich kraft seiner langen Flossen fortbewegt. Buckelwale zählen zu den Bartenwalen. Die Barten sind fransige Hornborsten, die dicht an dicht vom Oberkiefer herabhängen. Buckelwale fressen kleine Krebse und Fische. Um sie zu fangen, nehmen sie mit geöffnetem Maul eine große Wassermenge auf und stoßen das Wasser bei geschlossenem Maul so aus, dass die darin enthaltenen Tiere an den Barten hängen bleiben wie in einem Filter.

Verborgene Gärten

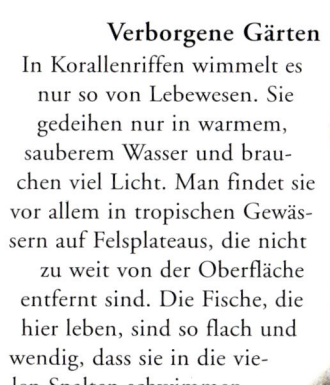

In Korallenriffen wimmelt es nur so von Lebewesen. Sie gedeihen nur in warmem, sauberem Wasser und brauchen viel Licht. Man findet sie vor allem in tropischen Gewässern auf Felsplateaus, die nicht zu weit von der Oberfläche entfernt sind. Die Fische, die hier leben, sind so flach und wendig, dass sie in die vielen Spalten schwimmen können.

Ozeane der Welt

Man unterscheidet geographisch fünf Ozeane, die in Wirklichkeit jedoch ineinander übergehen: Pazifik, Atlantik, Indischer Ozean, Nordpolarmeer und Südpolarmeer. Der Begriff »Meere« steht für die flacheren und den Küsten näheren Teile der Ozeane. Oft werden die Meere, wie das Mittelmeer oder die Ostsee, von Küsten umschlossen und bleiben nur durch Meerengen mit den Ozeanen verbunden.

Die Ozeane beeinflussen das Wetter und das Klima auf der Erde, während die Anziehungskräfte der Sonne und des Mondes die Gezeiten auf der Erde verursachen. Strömungen innerhalb der Ozeane nehmen das Plankton mit sich und werden deshalb zu so genannten »Straßen«, entlang derer die großen Meerestiere auf der Suche nach Nahrung wandern.

Der Atlantik

Der Atlantik ist der zweitgrößte Ozean der Welt. Er trennt Nord- und Südamerika im Westen von Europa und Afrika im Osten. Der Golfstrom, eine Meeresströmung, bringt warmes Wasser aus den Tropen nach Norden, bis vor die Küsten Norwegens, wo es das Zufrieren des Meeres verhindert. Unter dem Ozean ist eine imposante Gebirgskette verborgen, der Mittelatlantische Rücken, der länger als der Himalaja ist.

NORDPOLAR-MEER

PAZIFIK

ATLANT

ATLANTIK
Fläche: 82 000 000 km²
durchschnittliche Tiefe: 4000 m

INDISCHER OZEAN
Fläche: 73 500 000 km²
durchschnittliche Tiefe: 4000 m

NORDPOLARMEER
Fläche: 14 500 000 km²
durchschnittliche Tiefe: 1250 m

PAZIFIK
Fläche: 166 000 000 km²
durchschnittliche Tiefe: 4200 m

SÜDPOLARMEER
Fläche: 35 000 000 km²
durchschnittliche Tiefe: 4000–5000 m
(alle Angaben gerundet)

Das Südpolarmeer

Es wird von den südlichen Ausläufern von Pazifik, Atlantik und Indischem Ozean gebildet und umgibt die Antarktis, das eisige Land am Südpol. In dem kalten Wasser sind eine große Zahl von Lebewesen heimisch. Zu ihnen gehört auch dieser Krabbenfresser, eine Robbe, die sich von Krill (Krebstierchen) ernährt.

Das Nordpolarmeer

Der nördlichste Ozean ist teilweise gefroren und umgibt den Norden Nordamerikas, Asiens und Europas. Im Sommer schmilzt ein Teil des Packeises oder bricht von den Enden der Gletscher bei Grönland ab und begibt sich als Eisberg auf die Reise durch die nördlichen Meere.

NORDPOLAR-MEER

PAZIFIK

INDISCHER OZEAN

SÜDPOLARMEER

Der Pazifik

Dies ist der größte und tiefste der Ozeane – mit einer Wasserfläche, die doppelt so groß wie der Atlantik ist. »Pazifik« bedeutet friedlich, doch hat dieser Ozean die raueste See und das unberechenbarste Wetter von allen. Berüchtigt sind vor allem die tropischen Stürme und die Tsunamis (Flutwellen), die durch Vulkantätigkeit und Erdbeben am Boden des Ozeans entstehen.

Der Indische Ozean

Er reicht über mehrere Klimazonen hinweg und ist warm und tropisch im Norden, eiskalt im Süden. Typisch für diesen Ozean sind die zauberhaften Inselgruppen, die wie hineingetupft wirken. Rechts ist das Kaafu-Atoll in den Malediven zu sehen, Teil einer Kette von Koralleninseln südwestlich von Indien.

Die Meeresschichten

Meeresforscher teilen die Ozeane bis zum Meeresgrund in breite Schichten oder Zonen ein. Würdest du in einem Tauchboot (eine Art U-Boot für die Tiefsee) zum Meeresboden reisen, dann könntest du beobachten, wie das Sonnenlicht immer schwächer durch das Wasser dringt. In 200 m Tiefe, im Dämmerlicht, ist es nicht nur dunkler als in der Nähe der Meeresoberfläche, sondern auch merklich kälter. Unterhalb von 1000 m hättest du dann die Tiefsee erreicht – hier gibt es kein Licht mehr und es begegnen dir nur noch wenige Fische. Noch tiefer sind die Gräben: Der Marianengraben im westlichen Pazifik, der tiefste bisher gemessene Meeresgraben, reicht 11 034 m tief hinab.

In flachem Wasser

Im seichten Wasser der Küstengebiete leben Tiere und Pflanzen in großer Dichte und Artenvielfalt.

Im Dämmerlicht

Dort, wo das Wasser tiefer und kühler ist und kaum noch Sonnenstrahlen hinkommen, leben weniger Lebewesen als in der Nähe der Oberfläche, aber immer noch wesentlich mehr als in der Tiefsee. Einige Arten, wie die Schwämme, kommen auch in anderen Zonen vor. Schwämme schwimmen nicht, sondern verbringen den größten Teil ihres Lebens an der gleichen Stelle. Tiere wie diese nennt man »festgewachsen« oder »sessil«.

Fliegende Fische

Draußen auf hoher See kann man Fliegende Fische sehen. Sie werden beim Schwimmen so schnell, dass sie aus dem Wasser herauskommen und mithilfe ihrer flügelähnlichen Flossen 30 Sekunden oder länger durch die Luft gleiten können.

In der Tiefsee

In Teilen des Meeresbodens von Pazifik und Atlantik dringt durch vulkanische Risse heißes Wasser, das reich an chemischen Substanzen ist. Die bräunliche Substanz im Bild besteht aus Bakterien, die diese Chemikalien in Nährstoffe umwandeln. Von den Bakterien ernähren sich Röhrenwürmer (die weißen Tiere) und andere Kleinstlebewesen.

Querschnitt durch den Ozean

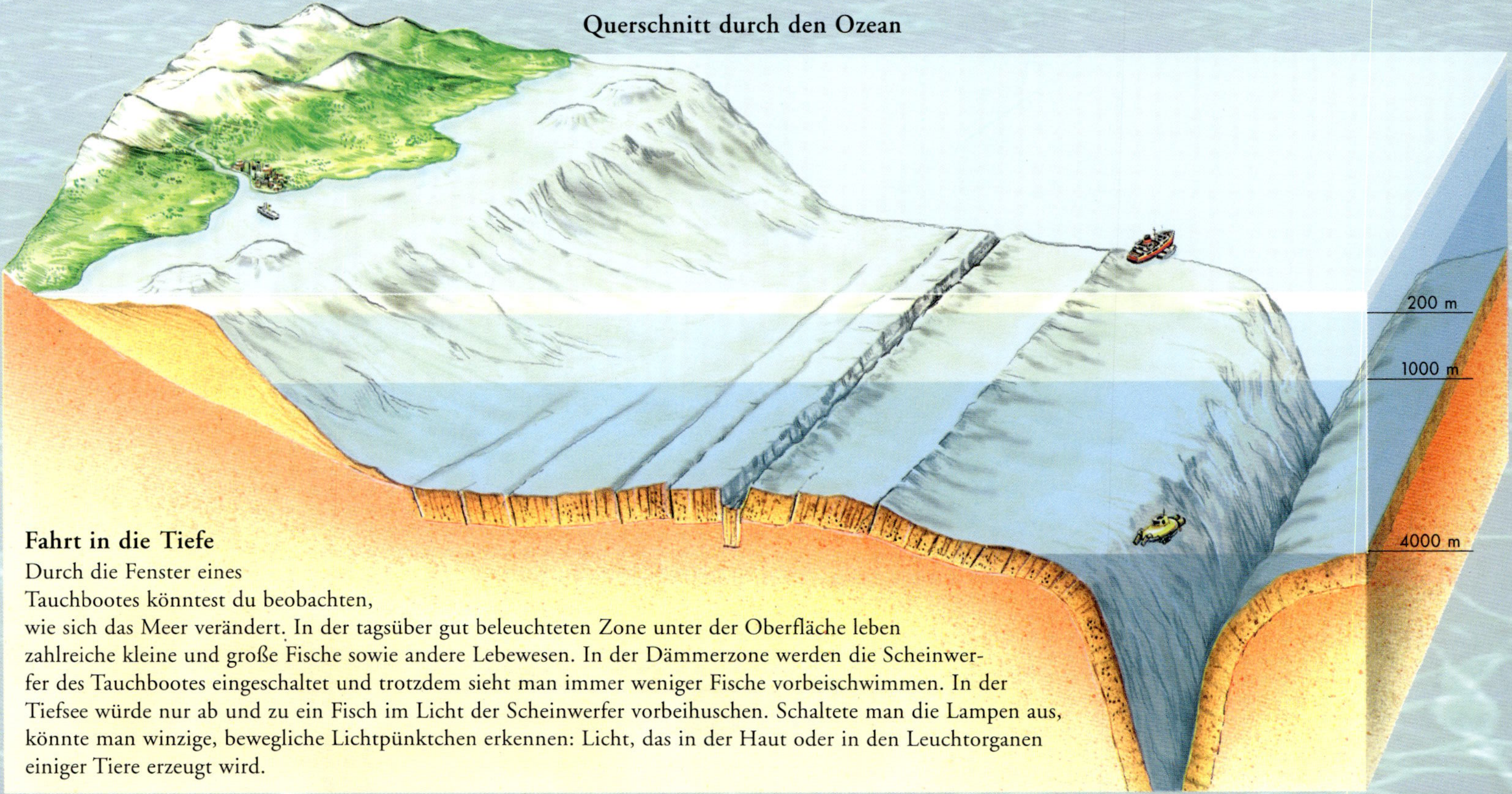

Fahrt in die Tiefe

Durch die Fenster eines Tauchbootes könntest du beobachten, wie sich das Meer verändert. In der tagsüber gut beleuchteten Zone unter der Oberfläche leben zahlreiche kleine und große Fische sowie andere Lebewesen. In der Dämmerzone werden die Scheinwerfer des Tauchbootes eingeschaltet und trotzdem sieht man immer weniger Fische vorbeischwimmen. In der Tiefsee würde nur ab und zu ein Fisch im Licht der Scheinwerfer vorbeihuschen. Schaltete man die Lampen aus, könnte man winzige, bewegliche Lichtpünktchen erkennen: Licht, das in der Haut oder in den Leuchtorganen einiger Tiere erzeugt wird.

200 m

1000 m

4000 m

Unter der Oberfläche

In der obersten Meereszone ist einiges los. Die Sonnenstrahlen dringen hier noch ins Wasser und versorgen die Pflanzen mit der Energie, die sie benötigen, um durch einen Fotosynthese genannten Prozess die im Wasser gelösten chemischen Stoffe in Nährstoffe zu verwandeln. Abgesehen von den Kleinstlebewesen, die um die vulkanischen Risse im Meeresboden der Tiefsee herum leben (siehe S. 7), stellt das Phytoplankton die Grundlage allen Lebens im Ozean dar. Diese winzigen pflanzlichen Organismen werden vom Zooplankton gefressen, das wiederum größeren Meerestieren als Nahrung dient.

Zooplankton
Inmitten des Phytoplanktons schwimmen und schweben unzählige Arten des Zooplanktons sowie Larven von Krabben und Krebsen, Weichtiere, kleine Garnelen und Schwimmkrebse. Diese riesige Ansammlung von kleinen Lebewesen wird Zooplankton genannt und ist im Grunde nichts anderes als eine nährstoffreiche »Fischsuppe« im doppelten Sinne des Wortes: Sie besteht aus kleinsten Fischen und ernährt die größeren.

Quallen

Quallen sind Tiere ohne Wirbelsäule (Wirbellose). Die Kompassqualle links schwebt in der Nähe der Wasseroberfläche. Mit Brennfäden an ihren langen Tentakeln tötet sie Fische und andere kleine Tiere, die sich darin verfangen. Manche Quallenarten verfügen über ein sehr starkes Nesselgift. Die in warmen Gewässern vorkommenden Würfelquallen sind auch für den Menschen gefährlich. Australische Rettungsschwimmer hüllen deshalb ihren ganzen Körper zum Schutz in Nylonstrumpfhosen.

Wandernde Algen

Große gelbe Wolken von Beerentang (Sargassum) treiben an der Oberfläche der Sargassosee im Atlantik. Der Tang stammt von Seewiesen in flachen tropischen Gewässern, wurde von Stürmen abgerissen und aufs offene Meer getrieben. Bald siedelt sich in diesen schwimmenden Beeten artenreiches Leben an (siehe S. 27).

Papageifisch

Ein Großer Papageifisch beißt mit seinen scharfen, schnabelähnlichen Zähnen Korallenstücke ab und zerreibt die harte Kruste mit den hinteren Mahlplatten, um an die weichen Polypen heranzukommen (siehe S. 18). Korallenriffe sind ein Tummelplatz von Fischen in den buntesten Farben. Mit ihrer Farbenpracht fallen die Fische zwar auf, solange sie schwimmen, aber sobald sie sich zwischen den Korallen verstecken, sind sie nicht mehr zu erkennen.

Kopf hoch!

Schlangenaale leben in den großen Sandflächen, die den Meeresboden vor den Küsten bedecken. Sie graben ihren Schwanz in den Sand ein, richten den Kopf auf und schnappen nach allem Fressbaren, das die Strömung an ihnen vorbeitreibt.

Breitmäulig

Das Plankton, das der Mantarochen zu sich nimmt, ist so nahrhaft, dass einzelne Exemplare eine Spannweite von 7 m und ein Gewicht von über 1,5 t erreicht haben! Durch das weit geöffnete Maul wird Wasser eingesaugt. Drückt der Rochen es durch seitliche Schlitze heraus, bleibt das Plankton an Knorpelkämmen hängen.

Dicht gedrängt

Eine Schule Sardinen nimmt das nahrhafte Plankton auf. Sardinen und andere kleine Fische, wie Heringe, Sardellen und Fliegende Fische, werden von den größeren Fischen gejagt – sogar von Makrelen, die nur wenig größer als ihre Beute sind. In Schwärmen können die Tiere Nahrungsquellen gemeinsam suchen und nutzen. Außerdem ist es für einen Raubfisch nicht so leicht, Einzelne herauszufangen.

Im Dämmerlicht

Je tiefer man hinabtaucht, desto dunkler und kälter wird es. Bald dringt die Sonne nicht mehr durch und das Wasser ist eisig kalt. Hier wachsen keine Algen und deshalb ist die Nahrung knapp. Dafür aber schweben unaufhörlich winzige Teilchen nach unten – Teile von toten Tieren und Pflanzen sowie Kot – und dienen dem in dieser Zone lebenden Zooplankton sowie den Garnelen und Fischen als Futter. Viele der hier lebenden Tiere haben sehr große Augen, damit sie im Halbdunkeln etwas erkennen können. Ihre Körper sind meist rot, graubraun oder schwarz und somit in diesem Bereich gut getarnt. Die meisten können mit Leuchtorganen selbst etwas Licht produzieren. Oft befinden sich diese Organe an der Unterseite des Körpers, sodass die Tiere nicht so stark auffallen. Es gibt auch Lebewesen, welche die Stunden des Tages in dieser dämmerigen Zone verbringen und nachts näher zur Oberfläche hinaufschwimmen, um dort zu jagen.

Schwämme

Diese Schwämme leben auf dem Grund der Ozeane. Sie filtern Nahrung aus dem Wasser, indem sie das Wasser durch feine Poren ansaugen und durch größere wieder ausstoßen. Mit zunehmender Tiefe wird die Nahrung knapper. Deshalb dauert die Entwicklung der Lebewesen, die in großer Tiefe leben, länger.

Zähne wie Dolche

Die Zähne, mit denen der Viperfisch nach seiner Beute schnappt, sind lang und scharf wie Dolche. Die Zähne des größeren Unterkiefers sind so lang, dass sie nicht in das geschlossene Maul hineinpassen. Innen im Maul befinden sich Leuchtorgane, mit denen der Fisch seine Beute anlockt. Weil sich die Kiefer weit aufsperren lassen, kann er auch große Fänge bewältigen.

Kopffüßer

Die Kopffüßer sind in allen Meeren sehr verbreitet. Die hier abge-
bildete Art hat außen am Körper Leuchtorgane. Weil auf die
Tiere, die in dieser Tiefe leben, ein hoher Wasserdruck
einwirkt, sind die meisten von ihnen klein. Aber es
gibt auch Ausnahmen: Der Riesenkalmar, der bis
in 1000 m Tiefe lebt, kann eine Körperlänge
von 20 m erreichen.

Seelilie

Sie sieht aus wie eine
Pflanze, ist aber ein
Tier: Die Seelilie
gehört zum Stamm
der Weichtiere. Die
vermeintlichen
»Blätter« sind rings um
den Mund angeordnete
Arme. Seelilien leben auf
Korallenriffen, aber auch in
großer Tiefe und in
Tiefseegräben.

Glupschaugen und Breitmaul

Die Beilfische bekamen ihren Namen aufgrund der Form ihres Bauches. Ihre riesigen,
vorstehenden Augen sind sehr lichtempfindlich und können auch noch in großer
Tiefe etwas wahrnehmen. Manche Beilfischarten
sehen immer nur nach oben und erkennen
die Beute vor dem Hintergrund des nach
oben hin heller werdenden Wassers –
dann schnappt das breite Maul zu.
Rechts abgebildet ist das rot eingefärbte
Skelett eines Beilfisches.

In der Tiefe

Unterhalb von 1000 m Tiefe dringt kein Sonnenlicht mehr in das Wasser. Deshalb herrscht völlige Dunkelheit. Da die meisten niederschwebenden Teilchen bereits weiter oben verzehrt worden sind, gibt es hier noch weniger Nahrung als in der Dämmerzone – und deshalb auch weniger Leben. Der Meeresgrund ist hier von einer Schlammschicht bedeckt, die sehr dick sein kann – bis zu mehreren hundert Metern – und ganz weich ist. An manchen Stellen liegen auf dem Meeresboden runde, kirsch- bis apfelgroße Klumpen verschiedener Mineralien, wie zum Beispiel Mangan, Nickel und Eisen. Sie sind nicht von der Strömung angeschwemmt worden, sondern bilden sich in sehr großer Tiefe. Sie sind wertvoll und daher von den Menschen sehr begehrt.

Anglerfisch

Dieser gefährlich aussehende Fisch mit den scharfen Zähnen hat auf dem Kopf eine so genannte Angel mit einem kleinen Leuchtorgan. Andere Fische halten den kleinen leuchtenden Punkt für eine mögliche Beute: Wenn sie danach schnappen, werden sie von dem riesigen Maul des Anglerfisches eingefangen. Weibliche Anglerfische sind bis zu 20-mal größer als männliche. Zur Paarung hängt sich das Männchen in der Nähe der Fortpflanzungsorgane an den Körper des Weibchens – und bleibt dort hängen. Mit der Zeit verbindet sich sein Körper mit ihrem, sein Herz bildet sich zurück und er wird von ihrem Blutkreislauf mitversorgt. Er kann nie wieder von ihr fortschwimmen und wird sein Leben lang ihre Eier befruchten.

Mit offenem Maul

Der Pelikanaal schwimmt mit weit geöffnetem Maul durch die Tiefen der Ozeane. Wenn er es zuklappt, sind Plankton und andere kleine Tierchen darin gefangen. So kann dieser Tiefseeaal sich auch in völliger Dunkelheit ernähren.

Auf Stelzen

Der Tiefsee-Fühlerfisch ist an sein Leben am Grunde des Ozeans hervorragend angepasst. An seinen Afterflossen und der Schwanzflosse haben sich drei lange, steife Fäden ausgebildet, auf denen er wie auf Stelzen über den schlammigen Meeresboden gehen kann. Dabei wirbelt er den Schlamm kaum auf und vermeidet es so, Räubern und Beutetieren aufzufallen. Außerdem hat er lange Fühler, mit denen er sich seinen Weg durch die Dunkelheit ertastet.

Zartes Geflecht

Das Foto links zeigt das zerbrechlich wirkende Skelett eines Gießkannenschwamms, das »Venuskörbchen« genannt wird. Die Tiere leben in Kolonien auf dem Meeresgrund und werden bis zu 30 cm lang.

Schlangenstern

Diese fünfarmigen Tiere kann man auf dem Boden sowohl flacher als auch tiefer Gewässer finden. Die Arme sind sehr schlank und schlängeln sich, wenn sich das Tier fortbewegt, über den Boden oder an Riffen entlang – daher der Name. Wenn ein Arm abbricht, wächst er wieder nach.

Rattenschwanz

Seinen Namen erhielt dieser kleine Fisch wegen seiner lang gezogenen, sich zum Körperende hin verjüngenden Gestalt. Fische, die in großer Tiefe leben, sind wegen des hier herrschenden mageren Nahrungsangebots meist klein. In dieser Meereszone ist das Wasser ruhig, denn die Strömungen reichen nicht so tief hinab. Deshalb brauchen die Fische der Tiefsee keine sehr kräftigen Schwimmer zu sein.

Seegurke

Seegurken ähneln ein wenig den Nacktschnecken und kommen sowohl in flachen als auch in tiefen Gewässern vor. Sie kriechen mit ihren stachelartigen Füßchen über den Meeresboden, nehmen ständig Sand und Schlamm auf und verdauen die darin enthaltenen winzigen Nahrungsteilchen.

In völliger Dunkelheit

Die Tiefsee ist kein angenehmer Lebensraum.
Außer Finsternis, Kälte und Nahrungsknappheit
herrscht hier auch ein ungeheuer starker Druck.
Würde ein Taucher in diese Tiefe vordringen, zer-
quetschte ihn der Wasserdruck augenblicklich. Um
hier überleben zu können, müssen die Tiere mit
besonderen Eigenschaften ausgestattet sein. Viele
Räuber der Tiefsee haben riesige Mäuler; dies er-
leichtert das Fangen der Beute. Die Mägen der
Fische können sich ausdehnen und so eine
gewaltige Menge an Nahrung auf einmal aufnehmen. Das ist wichtig, weil
die Gelegenheit, etwas zu erbeuten, sehr
selten ist und daher optimal
genutzt werden muss –
egal, wie groß der Hap-
pen ist, denn es kann
lange dauern, bis der
nächste vorbei-
schwimmt.

Farbiges Glas

Diese Glasqualle schillert in den
Regenbogenfarben. Man trifft sie
in allen Meeren der Welt an und
in allen Zonen: Sie kann sowohl
nahe der Oberfläche als auch in
der Dämmerzone leben. Der
durchsichtige Körper ist kuppel-
förmig. Die einzige Körperöff-
nung nimmt Nahrung auf und
scheidet unverdaute Reste aus.

Schauriges Gebiss

Das riesige Maul und die spitzen Zähne dienen diesem Tiefseefisch nicht etwa dazu,
große Bissen aus anderen Fischen zu reißen,
sondern sind eine ausgeklügelte Falle. Die
nach innen gebogenen Zähne stören den
Beutefisch nicht beim Hineinschwim-
men. Wenn er so groß ist, dass der
Räuber das Maul nicht mehr ganz
schließen kann, wirken die Zähne
wie Gitterstäbe und verhindern,
dass die Beute entkommt.

Organisches Licht

In großer Tiefe wird das einzig vorkommende Licht von den Wesen erzeugt, die hier leben. An ihren Körpern befinden sich Leuchtorgane, und der Umstand, dass so viele Tiere diese Organe besitzen, zeigt, wie wichtig Licht für das Überleben ist. Es dient dazu, Beute anzulocken, einen Partner zu finden oder Feinde zu täuschen. Leuchtorgane können am Kopf sitzen, an den Flanken, an der Unterseite des Körpers oder am Ende eines Flossenstrahls.

Im Wasser schweben

Mit ihren großen Mäulern und ihrer seltsamen Gestalt sehen die Raubfische der Tiefsee meist sehr eigenartig aus. Nur wenige der Fische, die unterhalb der Dämmerzone leben, haben Schwimmblasen. Dies sind luftgefüllte Hautsäcke, mit denen die Fische ihren Auftrieb kontrollieren, sodass sie, wenn sie gerade nicht schwimmen, weder nach oben treiben noch absinken. Tiefseefische dagegen treiben deshalb nicht nach oben, weil sie sehr dünne, leichte Skelette und Muskeln haben. Außerdem sind sie klein, häufig nicht mehr als 10 cm lang. Der enorme Wasserdruck bewirkt, dass sie zu schweben scheinen, wenn sie nicht schwimmen.

Scharlachrot

Bei Licht betrachtet sind die Garnelen von kräftiger roter Farbe. In von Sonnenstrahlen durchdrungenem Wasser würden sie mit ihrer Farbe auffallen. In der Dämmerzone aber ist dieses Rot eine ausgezeichnete Tarnfarbe: Im Halbdunkeln erscheint Rot als Schwarz und die Garnele ist nicht mehr von ihrer Umgebung zu unterscheiden. Unterhalb der Dämmerzone sind Garnelen nahezu farblos: Wo alles ringsumher schwarz ist, braucht man sich nicht mehr zu tarnen.

Unterwassergärten

Im Bereich nahe der Oberfläche, wo die Sonnenstrahlen das Wasser wärmen und beleuchten, wachsen viele Algen. An Land wachsen Algen ebenfalls an feuchten Stellen, bleiben jedoch klein. Im Wasser aber sind sie in ihrem Element, denn das Wasser stützt ihren Stängel und Thallus (Pflanzenkörper), sodass einige Arten beachtliche Größen erreichen. Die meisten Algen verankern sich mit ihrem Hapteron (Haftorgan) an Felsen oder Muscheln, damit sie von Wellen und Strömung nicht fortgespült werden. Algen bieten einer Vielzahl von Lebewesen Nahrung und Lebensraum, unter anderem den Fischen, Krabben, Garnelen und Seeigeln.

Haarstern
Dieses seltsame Gebilde gehört zu den Lebewesen, die wie Pflanzen aussehen, aber Tiere sind. Mit den gefiederten Armen nimmt es Nahrungsteilchen aus dem Wasser auf, das es umspült.

Algenwiesen

Algen brauchen, ebenso wie die Pflanzen an Land, Licht zum Leben. An der Farbe einer Alge kann man erkennen, in welcher Tiefe sie lebt. Nahe an der Oberfläche wachsen Algen, die von frischer grüner Farbe sind – wie der Meersalat. Weiter unten sind die Algen grünbraun, dann braun und schließlich rot – wie die Rotalge.

Eingewickelt

Seeotter leben an der Pazifikküste Nordamerikas an Stellen, an denen viel Seetang wächst. Sie tauchen nach Schalentieren, Krebsen und Seeigeln. Mit seiner hartschaligen Beute und einem Stein kehrt der Seeotter an die Wasseroberfläche zurück. Er legt sich auf dem Rücken ins Wasser, platziert den Stein auf seinem Bauch und schlägt die Beute so lange dagegen, bis deren Schale zerbricht. Wenn er müde ist, rollt sich der Otter in den Tang ein, damit er schwimmend schlafen kann, ohne von der Strömung oder vom Wind fortgespült zu werden.

Algen

Meersalat

Algenwälder

Dieser Taucher schwimmt durch einen Algenwald vor der Küste Kaliforniens. Die gewaltigen Gewächse sind in kalten Gewässern heimisch und werden bis zu 60 m lang. Den Tieren, die zwischen ihnen leben, bieten sie viele gute Verstecke. Anders als Landpflanzen benötigen sie zur Aufnahme der Nahrung keine Wurzeln, sondern nehmen Wasser und Nährstoffe direkt mit ihren »Blättern«, dem Pflanzenkörper oder Thallus, auf. Das Haftorgan dient nur zur Befestigung.

Blasentang

Braunalge

Unterwasser-Almen

Dugong, Manati und Lamantin werden auch Seekühe genannt, weil sie die Algen warmer, flacher Gewässer im Indischen Ozean und im Pazifik abweiden. Die scheuen, bis zu 3,60 m langen Tiere sind die einzigen Meeressäuger, die sich nur von Pflanzen ernähren. Sie heißen auch Sirenen, weil die Seeleute sie früher für Nixen hielten.

Rotalge

Korallenriffe

Korallen leben nur in warmen und sauberen tropischen Gewässern. Die Riffe sind das Gemeinschaftswerk unzähliger kleiner Polypen, die wie Miniaturausgaben von Seeanemonen aussehen und ihre Nahrung aus dem Wasser filtern. Sie sondern Kalziumkarbonat (Kalk) ab, der sich wie ein äußeres Skelett um ihren Körper legt. Ihre Eier werden im Magen befruchtet, wo auch die Larven heranwachsen Bei ungeschlechtlicher Fortpflanzung bilden sich durch Knospung an den alten Polypen immer weitere Polypen, die sich ihrerseits mit Skeletten umgeben. Über abgestorbenen Tierchen leben neue und so entstehen die Riffe, die beträchtliche Längen und Höhen erreichen. Zwischen manchen Korallenarten und bestimmten Algen bestehen Lebensgemeinschaften. Da Algen Sonnenlicht brauchen, kommen diese Korallen nur bis in 150 m Tiefe vor. Die unterschiedlichsten Lebewesen siedeln sich in Korallenriffen an und machen sie zu einem der artenreichsten Lebensräume

Steinkoralle   Rindenkoralle

Hart und weich

Es gibt Steinkorallen, deren Polypen ein hartes Außenskelett besitzen, und Rindenkorallen, bei denen die Polypen ein hartes Innenskelett haben. Die einzelnen Arten bilden die seltsamsten Formen und wurden dafür mit fantastisch klingenden Namen bedacht: Hirschhornkoralle, Venusfächer, Seemannshand, Orgelkoralle etc. Jede Art hat ihre Farbe: Die Hirschhornkoralle ist wegen ihres Außenskeletts weiß, während die Rindenkorallen bunt sein können: gelb, rot, grün, schwarz oder blau.

Gefährlicher Fisch

So schön dieser Fisch auch ist – man darf ihn nicht berühren, denn er ist einer der giftigsten Meeresbewohner. Die Stacheln des Strahlenrotfeuerfischs enthalten ein Gift, das schlimme Verätzungen hervorruft. Die Streifen und Strahlen sind zur Warnung da: Rühr mich nicht an, ich bin gefährlich!

Riffbildung

Das Erskine-Riff ist Teil des Großen Barriereriffs, das sich vor der Nordostküste Australiens über 2000 km erstreckt. Die Polypen, die es »erbauten«, sind nur so groß wie Stecknadelköpfe und ließen sich für ihr Werk mehrere Millionen Jahre Zeit. Die Insel oben besteht aus Korallenkalk. Im Pazifik bilden Riffe häufig einen Ring um Inseln vulkanischen Ursprungs (Saumriffe). Das von ihnen umschlossene Wasser heißt Lagune. Atolle sind ringförmige Riffe oder ringförmige Ketten von Koralleninseln, die eine Lagune umgeben.

Zarte Tentakel

Korallenpolypen haben Tentakel, mit denen sie Plankton fangen. Die Tentakel sind rings um ihren Mund angeordnet und mit Nesselzellen besetzt, mit denen sie die Beute betäuben oder töten. Tagsüber sind die Tentakel eingezogen und die Koralle sieht aus wie aus Stein. Nachts breiten sie die Fangärmchen aus und lauern auf Beute.

Mörderisch schön

Die Mördermuschel ist die größte Muschel der Welt und kann über 1 m lang und 250 kg schwer werden. Sie ernährt sich von Plankton, das sie aus dem Wasser filtert, und ist eine der größten Wirbellosen.

Dornenkrone

Dieser stachelig wirkende Seestern ernährt sich von Korallenpolypen. Er ist in letzter Zeit vermehrt aufgetreten und hat am australischen Großen Barriereriff beträchtlichen Schaden angerichtet.

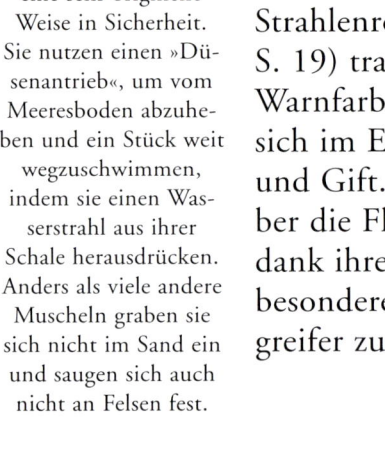

Weißer Hai

Thunfisch

Sardellen

Zooplankton

Phytoplankton

Am Ende der Nahrungskette stehen die großen Raubfische (z.B. die Haie). Sie fressen große Fische, die sich von kleineren Fischen ernähren. Die kleinen Fische leben vom Zooplankton, dieses wiederum vom Phytoplankton. Die winzigen Pflanzen, die aus Sonnenlicht Energie erzeugen, machen es überhaupt erst möglich, dass es in den Ozeanen Leben gibt.

Räuber und Beute

Fressen oder gefressen werden – dieses tödliche Spiel wird zu jeder Tages- und Nachtzeit in allen Zonen des Ozeans gespielt. Doch die Beute macht es dem Räuber selten leicht und setzt sich mit allen möglichen Tricks und Kniffen zur Wehr. Manche Tiere, wie der Strahlenrotfeuerfisch (siehe S. 19) tragen regelrechte Warnfarben und verteidigen sich im Ernstfall mit Stacheln und Gift. Andere ergreifen lieber die Flucht oder verfügen dank ihrer Instinkte über eine besondere Taktik, um den Angreifer zu verwirren.

Düsenantrieb

Kammmuscheln bringen sich vor ihren Feinden, wie hier vor einem Seestern, auf eine sehr originelle Weise in Sicherheit. Sie nutzen einen »Düsenantrieb«, um vom Meeresboden abzuheben und ein Stück weit wegzuschwimmen, indem sie einen Wasserstrahl aus ihrer Schale herausdrücken. Anders als viele andere Muscheln graben sie sich nicht im Sand ein und saugen sich auch nicht an Felsen fest.

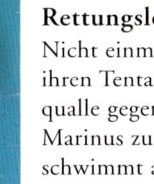

Rettungslos

Nicht einmal mit den Nesselzellen auf ihren Tentakeln kann sich die Staatsqualle gegen die Schnecke Glaucus Marinus zur Wehr setzen. Die Schnecke schwimmt auf Beutefang knapp unterhalb der Oberfläche – wenn eine Qualle vorbeikommt, die ihr schmeckt, beginnt sie sofort, an ihr zu fressen.

Tödliche Umarmung

Die blumenähnliche Seeanemone mit ihren farbigen »Blütenblättern« wirkt zart und unschuldig – bis ihr irgendein kleiner Fisch zu nahe kommt. Die »Blütenblätter« sind in Wirklichkeit mit Nesselzellen besetzte Tentakel. Sobald diese den Fisch zu fassen bekommen haben, ziehen sie ihn zum Mund, der sich in ihrer Mitte befindet.

Ein Pinguin auf Jagd

Viele Seevögelarten tauchen gezielt ins Meer ein, um einen Fisch zu fangen – der Galapagos-Pinguin aber jagt die Fische unter Wasser, als wäre er selbst ein Fisch. Seine Flügel gebraucht er dabei wie ein Delphin seine Flossen. Wenn er auf einen Fischschwarm trifft, muss er sich schnell für ein Beutetier entscheiden – sonst wird ihn der Schwarm verwirren.

Strandangriff

An einem argentinischen Strand versucht ein Schwertwal Seelöwen zu fangen. Da Wale Luft atmen, können sie es riskieren zu stranden, müssen nach dem Angriff aber wieder ins tiefere Wasser zurück. Schwertwale werden bis zu 10 m lang und greifen auch andere Wale an.

Der Schrecken der Meere

Der am meisten gefürchtete Räuber aller Ozeane ist der Weiße Hai. Er ernährt sich von Robben, Schildkröten und großen Fischen, greift aber auch Menschen an. Seine scharfen Zähne reißen entsetzliche Wunden. Der torpedoförmige Körper trifft auf wenig Wasserwiderstand und wird durch die Bewegung der großen, kraftvollen Schwanzflosse vorwärts getrieben. Haie haben keine Schwimmblase und müssen daher unaufhörlich schwimmen.

Wanderungen

Ebenso wie bestimmte Land-
tiere und Vögel wandern
auch viele Meeresbewohner.
Sogar Zooplankton wandert:
Nachts fressen die Tierchen das
Phytoplankton, das nahe der Oberfläche lebt; tagsüber schwimmen oder sinken sie
mehrere hundert Meter tiefer, um sich vor hungrigen
Räubern in Sicherheit zu bringen. Bei anderen Meerestieren gehört die Wanderung zur Fortpflanzung.
Manche Fische, Robben, Wale und Schildkröten
legen Tausende von Kilometern zurück, um Laichgründe, geeignete Stellen für die Eiablage oder für
die Geburt der Jungen aufzusuchen. Dies sind meist
Orte, an denen die frisch geschlüpften oder neuge-
borenen Jungen optimale Lebensbedingungen haben.
Auf ihren langen Reisen orientieren die Meeresbewohner sich an den Meeresströmungen.

Der Meeraal

Der im Nordatlantik lebende
Meeraal ist ein furchtloser Jäger.
Sein Maul ist mit mehreren
Reihen scharfer, nach innen ge-
bogener Zähne bewehrt. Die
einzigen bekannten Laichgründe
der Meeraale liegen nördlich der
Azoren. Man nimmt an, dass alle
westeuropäischen Meeraale im
Hochsommer hierher schwimmen, um ihren Laich abzulegen.
Danach kehren sie in die kühlen
nördlichen Gewässer zurück.

Geheimnisvolle Wanderungen

Bis ins 20. Jahrhundert hinein blieben die Wanderungen der
europäischen Flussaale ein Rätsel. Dann entdeckte man, dass
die erwachsenen Aale die Flüsse verlassen und in die Sargassosee im Atlantik schwimmen. Hier laichen sie und sterben
anschließend. Im Alter von etwa drei Jahren suchen die
jungen Aale wieder die Flüsse
Europas auf und leben in
ihnen, bis auch für sie die
Zeit gekommen ist, zur
Sargassosee zurückzu-
kehren.

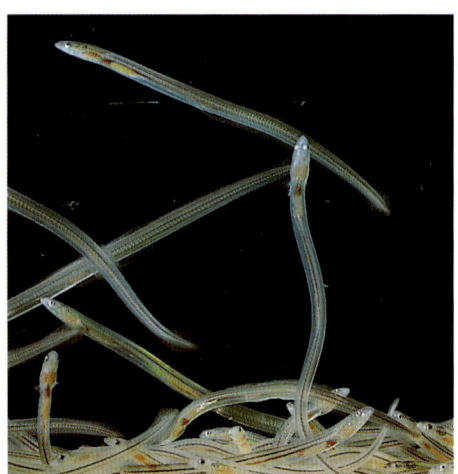

Schildkrötentouren

Meeresschildkröten kehren zur Eiablage an den Strand zurück,
an dem sie selbst geschlüpft sind, auch wenn sie dafür Hunderte oder Tausende von Kilometern weit schwimmen müssen.
Zur Eiablage kriechen die Schildkrötenweibchen den Strand
hoch und graben mit ihren Hinterbeinen eine Grube in den
Sand. Sie legen die Eier hinein, decken sie mit Sand zu und kehren
ins Meer zurück. Die Eier und die daraus schlüpfenden Jungen
bleiben sich selbst überlassen.

Walreisen

Ein Glattwal streckt seinen Kopf aus dem planktonreichen Wasser des Südpolarmeers. Wenn die Weibchen merken, dass ihre Jungen bald zur Welt kommen, schwimmen sie in wärmere Gewässer. Hier finden sie wenig Nahrung und müssen von ihren Fettreserven leben, bis die Jungen in der Lage sind, die Wanderung in den Norden zu verkraften.

Im Langustenmarsch

Langusten leben in Küstennähe auf felsigem Meeresboden. Den größten Teil des Jahres verbringen sie tagsüber in Felsspalten; nachts gehen sie auf die Suche nach Würmern und Aas. Im Herbst aber versammeln sich die Langusten Floridas und der Karibik und bilden lange Schlangen, in denen bis zu 50 Tiere mitmarschieren. Jeder hält dabei mit den Fühlern Kontakt zum Vordermann. So wandern sie von der Küste in die Hochsee hinein, wo sie sich paaren.

Larvenausflug

Eine weibliche Garnele der Art Parapandalus trägt ihre Eier an ihren Beinen, an der Unterseite ihres Körpers. Sie lebt in 500 bis 700 m Tiefe in der Dämmerzone der Ozeane. Aus den Eiern schlüpfen Larven, die zur Wasseroberfläche hinaufschwimmen, um Plankton zu fressen. Wenn sie gewachsen sind, erweitern sie ihren Speiseplan und fressen auch größere Tierchen. Später kehren sie wieder in die Tiefe zurück – dorthin, wo die erwachsenen Garnelen leben.

Der Nachwuchs

Unter Meeresbewohnern sind komplizierte und langwierige Werbungen und Brutpflege eher die Ausnahme als die Regel. Wenn die Zeit gekommen ist, legen die Weibchen einfach ihre Eier ab und die Männchen befruchten sie mit ihrem Sperma. Die Eier entwickeln sich und die Jungen schlüpfen und wachsen heran, ohne ihre Eltern je gesehen zu haben. Eier und Junge haben viele Feinde. Ein Weibchen legt jedes Mal Hunderte oder sogar Tausende von Eiern ab, damit wenigstens ein paar Tiere überleben und sich selbst fortpflanzen können. Es gibt aber auch Fische und andere Meerestiere, die Eier und Brut bewachen und sogar pflegen. Bei den Meeressäugern kümmern sich die Mütter lange und sorgfältig um ihre Kleinen, bringen sie nach der Geburt zum Luftholen an die Oberfläche, säugen sie viele Monate lang und beschützen sie vor Gefahren.

Nixentaschen

So nennt man die leeren Eikapseln der Rochen und mancher Haiarten, die gelegentlich an den Strand gespült werden. Das Foto oben zeigt einen Haiembryo, der auf seiner Eikapsel sitzt. Nach der Begattung durch das männliche Tier entwickeln sich die Eier im Bauch des Weibchens, bis sie die viereckigen Eikapseln ablegt. Der Embryo zehrt nach dem Schlüpfen eine Weile von seinem Dottersack.

Wettlauf mit dem Tod

Vor etwa zwei Monaten hat das Weibchen seine Eier in eine Sandgrube gelegt, jetzt suchen die jungen Meeresschildkröten Zuflucht im Meer. Die kurze Strecke zwischen der Grube und dem Meer ist für die frisch geschlüpften Schildkröten die gefährlichste ihres Lebens: Seevögel, Krabben und andere Räuber lauern ihnen auf.

Neue Korallen

Korallen wie diese Hirnkoralle geben gleichzeitig Eier und Spermien ins Wasser ab (rechts); nach der Befruchtung entstehen Larven. Dort, wo sie sich niederlassen und zu Polypen reifen, bilden sie neue Korallenriffe.

Wassergeburt

Nicht alle Fische legen Eier. Manche Haiarten pflanzen sich durch Eier fort, aber die meisten sind ebenso wie Wale und andere Säugetiere lebend gebärend. Nach der Paarung trägt das Weibchen den Embryo in ihrem Körper aus und bringt schließlich ein vollständig entwickeltes Junges zur Welt, das wie ein erwachsener Hai aussieht – nur kleiner (siehe links).

Rollentausch

Bei den Seepferdchen ist alles anders: Das Männchen trägt die Jungen aus. Das Weibchen legt mithilfe einer Legeröhre ihre Eier in die Bruttasche des Männchens. Nach einigen Wochen sind die Jungen für die Geburt bereit. Das Männchen presst sie dann durch ruckartige Bewegungen einzeln aus der Bruttasche heraus. In seiner Bruttasche kann es etwa 200 Eier mit Sauerstoff und Nährstoffen versorgen.

Die Verwandlung der Scholle

Bei der Schollenlarve liegen die Augen seitlich am Kopf und sie schwimmt auf die gleiche Art wie die meisten Fische. Im Laufe ihrer Entwicklung aber wandert ein Auge, bis es neben dem anderen liegt, und die frühere linke Seite wird zur Unterseite.

10 Tage alt   13 Tage alt   22 Tage alt   Erwachsene Scholle

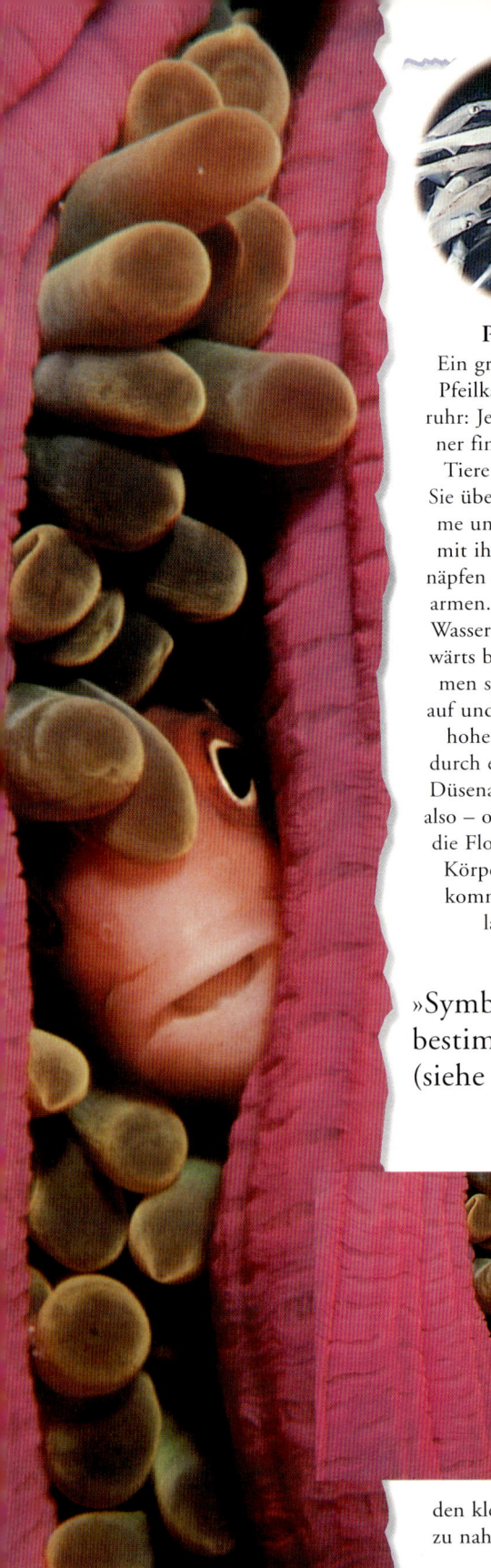

Lebens-
gemeinschaften

Manche Meeresbewohner leben mit Tieren der eigenen oder einer anderen Art in enger Gemeinschaft zusammen. Diese Verbindungen entstehen nicht durch Zufall, sondern haben immer ihre Gründe. Artgenossen schließen sich zu großen Schwärmen zusammen, um sich gegen Angreifer zu verteidigen oder um ihre Aussichten auf Beute zu verbessern. Manche Tiere leben mit einem bedeutend kleineren oder größeren »Freund« zusammen und jeder der beiden zieht aus dieser Partnerschaft seinen Nutzen. Diese Art von Gemeinschaft nennt man »Symbiose«. Die Korallen zum Beispiel bilden mit bestimmten Algen eine symbiotische Gemeinschaft (siehe S. 18).

Partnersuche

Ein großer Schwarm von Pfeilkalmaren ist in Aufruhr: Jeder will seinen Partner finden. Die schnellen Tiere jagen gemeinsam. Sie überfallen Fischschwärme und fangen die Beute mit ihren zehn mit Saugnäpfen ausgestatteten Fangarmen. Sie können sich im Wasser vorwärts und rückwärts bewegen: Dafür nehmen sie entweder Wasser auf und stoßen es dann mit hoher Geschwindigkeit durch eine Röhre aus – ein Düsenantrieb unter Wasser also – oder aber sie bewegen die Flosse hinten an ihrem Körper. Auf diese Weise kommen sie jedoch nur langsam voran.

Gut geschützt

Ein Clownfisch versteckt sich zwischen den nesselnden Tentakeln einer Seeanemone. Jeden anderen Fisch würde ihr Gift innerhalb von Sekunden lähmen. Der Körper des Clownfischs ist jedoch mit einem Schleim bedeckt, der ihn vor dem Nesselgift schützt. Dafür kann die Seeanemone die Reste seiner Mahlzeiten fressen oder Fische, die es auf den kleinen Clown abgesehen haben und auf diese Weise den Tentakeln zu nahe kommen, in ihre tödliche Umarmung nehmen.

Glücklicher Einsiedler

Dieser Einsiedlerkrebs hat eine schöne Muschel gefunden, mit der er seinen weichen, verletzlichen Unterleib schützen kann. Auf diese Schutzschale hat er Seeanemonen gesetzt, die mit ihren nesselnden Tentakeln Räuber fern halten. Dafür fressen sie von jeder Beute des Krebses mit.

Treibgut

In dem treibenden Beerentang (Sargassum) leben viele verschiedene Tiere: Seeschnecken, Krabben, Garnelen und Rankenfüßer. Sie alle sind hervorragend an ihre Umgebung angepasst. Hier versteckt sich ein Sargassofisch im Tang und ist dank seiner fetzenartigen Hautwucherungen praktisch unsichtbar. Auch eine Seeanemone hat sich hier festgesetzt und wartet, dass sich ein unvorsichtiger Fisch ihren Tentakeln nähert. Beide Tiere sind durch ihre Farbe, die sich von der Färbung der Algen kaum abhebt, gut getarnt.

Reinigungsdienst

Putzerfische säubern das Maul eines großen Kabeljaus, ohne dass ihnen dabei etwas zustößt. Sie kümmern sich um die Körperpflege großer Fische – als Gegenleistung dürfen sie alles fressen, was sie finden.

Per Anhalter unterwegs

Ein Schiffshalter lässt sich von einem Mantarochen ein Stück mitnehmen. Der Schiffshalter hat oben an seinem Kopf einen Saugnapf, mit dem er sich an große Fische hängen kann. Er begleitet gerne Haie und frisst mit, wenn der Hai eine Beute erlegt hat.

Der Mensch und das Meer

Schon immer standen die Menschen in enger Beziehung zum Meer. Hier fanden sie Nahrung und später auch wichtige Rohstoffe und Schmuck. Seit Tausenden von Jahren wird Fischfang betrieben und heute noch ist dieser Wirtschaftszweig für viele Industriestaaten ebenso wichtig wie für die so genannten Dritte-Welt-Länder. Auch die Ausbeutung der im Meer verborgenen Rohstoffe hat eine lange Tradition: Zuerst war es Salz, dann nutzte man Sand und Kies, später wurde nach Öl und Gas gebohrt. Selbst über den Tourismus trägt das Meer indirekt zum Lebensunterhalt vieler Küstenbewohner bei.

Meerestourismus
Eine Taucherin bewundert die Bewohner eines Korallenriffs. Exotische Urlaubsziele sind sehr beliebt und die Mehrheit der Urlauber zieht es an die Küsten. Sonnenbaden, Schwimmen, Sportangeln, Segeln und Tauchen sind nur einige der zahlreichen Zeitvertreibe, die ein Badeort seinen Gästen anbietet. Tourismus kann Arbeitsplätze schaffen und den Lebensstandard der einheimischen Bevölkerung anheben, gefährdet aber auch das ökologische Gleichgewicht der Urlaubsregion.

Volle Netze
Dieses schottische Fischerboot holt gerade seinen Fang an Bord. Tag und Nacht sind ganze Fischereiflotten auf den Meeren unterwegs, um den ständig noch steigenden Bedarf an Fisch zu befriedigen. Kraftvolle Motoren, hoch entwickelte Technologie und große Netze ermöglichen den Fischern immer längere Aufenthalte auf See und immer größere Fänge. Damit die Gewässer nicht überfischt und gefährdete Arten nicht ausgerottet werden, legen internationale Verträge Fangquoten fest.

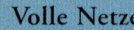

Perlentaucher

Ein thailändischer Perlentaucher hat einen Beutel voller Austern gesammelt. Die Perlen werden von der Muschel oder Auster um einen Fremdkörper herum gebildet, der in ihre Schale geraten ist. Das Tauchen nach Perlen ist eine schwierige und gefährliche Arbeit. Die Ausrüstung dieses Tauchers ist selbst gebastelt und besteht aus einem Generator und einem Gummischlauch. Perlen sind sehr wertvoll – wenn der Taucher einige findet, macht die Mühe sich bezahlt.

Fischer auf Stelzen

Manche Methoden, Fische zu fangen, haben sich seit Jahrhunderten bewährt und wurden deshalb nie geändert. Dieser Angler wartet auf seiner Stange vor einem Strand auf Sri Lanka geduldig darauf, dass etwas anbeißt. Armen Küstenbewohnern bieten die Meere seit jeher eine Möglichkeit zum Nahrungserwerb, manchmal die einzige. Die internationalen Fischereiflotten entziehen den einheimischen Fischern häufig ihre Einnahmequelle.

Der Schutz der Meere

Unglücklicherweise denken die Menschen nicht gründlich genug darüber nach, wie sich das, was sie tun, auf die Umwelt auswirkt. Das ökologische Gleichgewicht der Meere wird durch die Menschen häufig auf einschneidende Weise gestört. Giftiger Müll, der achtlos in den Ozean abgeladen wird, bringt Schadstoffe in die Nahrungskette und schädigt auf diese Weise die Meeresbewohner. Da die Meere ineinander übergehen, breiten sich die Auswirkungen von Umweltkatastrophen über riesige Gebiete aus. Inzwischen ist es jedoch Umweltschützern gelungen, einer breiten Öffentlichkeit bewusst zu machen, wie wichtig der Schutz der Meere auch für den Menschen ist. Auf hoher internationaler Ebene haben sich Politiker im Rahmen der Agenda 21 auf Maßnahmen zum Umweltschutz geeinigt.

Waltourismus

Touristen reisen in alle Welt – sogar ins Südpolarmeer, um Wale in ihrem natürlichen Lebensraum zu sehen. Auf dem Foto links schaut eine Gruppe von Leuten in einem Schlauchboot einem Buckelwal bei seinen Kunststücken zu. Das Beobachten von Walen ist zu einem neuen Tourismuszweig geworden, der auf den ersten Blick nicht umweltschädigend erscheint. Jedoch müssen diese Ausflüge streng kontrolliert werden, denn es besteht die Gefahr, dass sich die Wale von ihren Fans gestört fühlen, was besonders in der Paarungszeit für die Erhaltung der Art katastrophale Folgen hätte.

Schildkrötenschutz

In vielen Ländern gelten Schildkröteneier als Delikatesse und werden gerne sofort nach der Eiablage am Strand eingesammelt und auf dem Markt verkauft. Einige Staaten bemühen sich inzwischen, die Eier zu schützen. In Sri Lanka sammelt man sie ein, bringt sie an einen sicheren Ort und entlässt dann die kleinen Schildkröten direkt ins Meer.

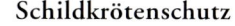

Geschützte Riffe

Einige Korallenriffe sind zu Naturschutzgebieten erklärt worden. Das ist für die Arterhaltung wichtig, weil Fischer und Souvenirjäger gerne Korallenästchen abbrechen, Schwämme und Muscheln mitnehmen und die Fische einfangen, die bei Aquarienbesitzern sehr begehrt sind. Die Einrichtung eines »sanften« Tourismus, der auch den Einheimischen vernünftige und dabei umweltschonende Einkommensquellen eröffnet, trägt zusätzlich zum Schutz der Meere und Meerestiere bei.

Besuch vom Delphin

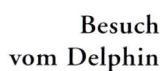

Frei lebende Große Tümmler kommen bei Monkey Mia in Westaustralien ins seichte Wasser, um Menschen zu treffen. Diese Kontakte ermöglichen es Forschern, das Verhalten wilder Delphine zu studieren, um mehr über sie zu erfahren. Es gibt an die 40 verschiedene Arten von Delphinen – einige sind infolge von Fischnetzen, Überfischung und Wasserverschmutzung bedroht.

Tödlicher Abfall

Umweltverschmutzung stellt eine der größten Bedrohungen für die Ozeane dar. Inzwischen verbieten Gesetze, dass Öltanker ihre Tanks auf hoher See reinigen und dass gefährlicher Müll wie zum Beispiel radioaktiver Abfall ins Meer gekippt wird. Auch giftige Chemikalien und ungereinigte Abwässer dürfen in den meisten Ländern der Welt nicht mehr ins Meer abgelassen werden.

Schon gewusst ...?

... dass man sich an die folgenden Vereine und Verbände wenden und bei ihnen Informationsmaterial anfordern kann. Einige von ihnen organisieren Jugendclubs und Regionalgruppen, denen man beitreten kann:

**Bund für Umwelt und
Naturschutz Deutschland e.V.**
Postfach 30 02 20
53225 Bonn

Deutscher Tierschutzbund e.V.
Baumschulallee 15
53115 Bonn

Jugendorganisation Bund Naturschutz
Trivastr. 13
80637 München

Greenpeace Deutschland
Kids for Whales
22745 Hamburg

Greenpeace Österreich
Siebenbrunnengasse 44
A-1050 Wien

Greenpeace Schweiz
Heinrichstr. 147
CH-8031 Zürich

WWF Deutschland
Rebstöckerstr. 55
60326 Frankfurt

WWF Österreich
Ottakringer Str. 114–116
A-1160 Wien

WWF Schweiz
Hohlstr. 110
CH-8004 Zürich

Interessante Websites:

Greenpeace Kinderseiten
http://www.greenpeace.de

Tanjas Walseite
http://www.walschutz.de

**The Whale Club,
ein Verein von Walfischfreunden**
http://www.whaleclub.com

WWF-Informationsseiten
http://www.wwf.de

Die deutsche Bibliothek – CIP-Einheitsaufnahme

Die Unterwasserwelt / von Paul Bennett. [Aus dem Engl. von Cornelia Panzacchi.
Red.: Heike John; Magda-Lia Bloos]. - München: Ars-Ed., 2001
(Wissen der Welt) Einheitssacht.: Under the ocean <dt.> ISBN 3-7607-4697-7

© 2000 für die deutsche Ausgabe: arsEdition, München
Aus dem Englischen von: Cornelia Panzacchi
Redaktion: Heike John, Magda-Lia Bloos
Umschlaggestaltung der deutschen Ausgabe: Eva Schindler, Ebersberg
First published in Great Britain by ticktock Publishing Ltd.
Titel der Originalausgabe: »Under the Ocean«
© 1999 ticktock Publishing Ltd.
Alle Rechte vorbehalten
Printed in Hong Kong
ISBN 3-7607-4697-7

Danksagung: Der Verlag bedankt sich bei Graham Rich, Rosalind Beckman, Nicola Edwards und Elizabeth Wiggans für ihre Mithilfe und beim Peter Bull Art Studio für die künstlerische Gestaltung.

Bildnachweis: o = oben, u = unten, M = Mitte, l= links, r = rechts, Uv = Umschlag vorne, Uh = Umschlag hinten

Andy Crump/Still Pictures: 5u. BBC Natural History Unit: 16u. B&C Alexander: 22/23o. Bruce Coleman Limited: 6ul, 26Mo, 31or. Innerspace Visions: 20/21u. Michael Freeman/Auscape: 28/29Mo; NHPA: 12ol, 24/25 (zentrales Bild). Oxford Scientific Films: 2ul, 4ol, 5Mr, 8Ml, 9or, 9ul, 11Mr, Uh & 13Mr, 14ol, 17or, 18l & 18Ml, Uh & 18/19Mu, 19or, 20ol, 20Ml, 20ur, 22/23M, Uv & 26l, 26Ml, 27or, 27Mr, 27ur, 28ol, 29 Mo, 30l & 30ul, Uh & 30/31M. Planet Earth Pictures: Uv, 0, Uv & 2l & 2Ml, 2/3M, 3Mr, Uh & 3ur, 4ul, 5or, 6/7 (zentrales Bild), 6/7Mu, 6/7Mo, 8l, 8Mr, 8/9M, 9Mr, 10ol, 10ul, Uv & 10/11M, 10/11Mu, 11ur, 12ul, 12ur, 12/13M, 13o, 13Ml, 15or, 15ur, 16ol, 17M, 17ol & 32, 18/19Mo, Uv & 19ur, 21u, 22or, 22u, 23u, 23or, 24ol, 24/25Mo, 25or, 25M, 26/27, 28ul, 30/31Mu, 31Mr. Telegraph Colour Picture Library: 6ol, 14ul, 14/15M, 18/19M. Tony Stone: 28/29 (zentrales Bild)

Der Verlag hat sich bemüht, alle Rechteinhaber zu ermitteln. Sollte dies in Einzelfällen bedauerlicherweise nicht gelungen sein, wird die fehlende Angabe in der nächsten Auflage ergänzt.

Register